觀

Contemplation

青峰　詩選

A collection of poetry

Un recueil de poésie

Albert Young

目錄
Contents
Table des matières

辛牧先生序
Preface by Xin Mu
Préface par Xin Mu

《以達觀的心看世界》
辛牧先生序

青峰這幾年在《創世紀》發表不少詩作,但只是作者與編者的關係。去年他回台灣,大家在一個小型的聚會上初次見面,他十分健談,是一個十足陽光的青年,大家一見如故。

承他送我剛出版的詩集《感動》和《瞬間》,讓我對他的詩有較完整的認識。他的詩清明雋逸,寓意深遠,寫的都係日常。無論寫景,寫情,寫見,寫聞都有獨特之處。

在《瞬間》詩集裡我很喜歡他寫〈父親〉的詩:「 你獨自坐在桌前 / 深夜裡 / 沉浸在你的世界 / 寫著故事 / 寫出生命 / / 你能看見我嗎? / 飢渴的望著 / 期待有一天 / 我也能像你一樣」,言簡意繁,寄寓深切,令人感動。

《觀》是青峰的第三本詩集,收錄 2017 和 2018 年於台灣與瑞士穿梭之間所見、所聞的心得。對親人對社會現象都有深刻的著墨。

如〈初綻〉詩裡,寫見到一朵櫻花初綻的喜悅,並樂天的感到「所有憂愁,煩惱與痛苦 / 被生命之美 / 所取代」。

在〈繞路〉詩人看到悠閒的老婦人、房舍盡頭一條清澈小溪,都讓他感覺都市的塵囂瞬間煙消雲散,而停下來享受這誘人的時光,發出「有時人生繞點路,會如此美妙」的感嘆。詩人沒有因繞路顯得不耐,反而以樂天的心去享受「一條小溪清澈」。雖然看起來不起眼的事物,而能處理的如此優雅,深妙。

其他諸如〈征服〉「欲望是那麼永無止境／生命中有那麼多山／我們都需要去征服嗎？」，〈菲菲〉寫弱智的小孩，〈籠裡〉世界是一個籠子，人只是籠中物等等，都能貫徹他所揭櫫的理念。

誠如青峰自己所說「簡單、真實、感人，這是一直以來我想要寫出以及表達的作品形式。」，他所著重的是探討人生的幸福，對人事物他都寬容，包容的態度，從他的《感動》、《瞬間》到《觀》，他的確做到了，而《觀》更顯精煉、成熟，令人讚賞。

辛牧
《創世紀》詩刊
總編輯

"Contemplating the world with philosophy"
Preface by Xin Mu

Although Albert has been in the past few years a regular contributor to the "The Epoch Poetry Quarterly", but apart from e-mail exchanges we had in my capacity of Chief Editor, we have never had a chance to meet. Last year when he visited Taiwan, we finally managed to get to know each other in a small gathering, and I discovered in him someone who radiates youthful energy, engages in interesting conversations and is easy to befriend.

As he presented me with his two first poetry collections, "Moments" and "Emotions", I was able to have a better understanding of his work. He has a style that is simple yet elegant, and although he writes about things in our everyday life, he conveys through them a deep philosophy. Be it a scenery, a feeling, a thing seen or heard, he captures them in his own special way.

From his collection "Moments", I particularly like "Father": "You are alone at your desk / Late into the night / Lost in your world / Writing stories, writing about life // Can you see me sitting there / Hungrily watching / Wishing that one day / I can also write the way you do?". This is a good example of his use of simple words to convey complex and deep feelings in a very moving way.

"Contemplation" is Albert's 3rd collection of poetry, in which he captured what he observed about the people and the world around him, as he traveled between Taiwan and Switzerland in the past two years.

In "First Blossom", he writes about the joy of seeing a first cherry blossom, which leads him "To forget sorrow, pain and suffering / And let the beauty of life take over".

In "A detour", when he sees old ladies relaxingly sitting on the doorsteps, a small river at the back end of the houses, and the hustle and bustle of the city suddenly vanishing, he takes time to embrace the moment and realizes that "In life / Detours can be so enchanting". Not only was he not annoyed by such a detour, but he made the most of it because "There was a small river". Albert find ways to transform things ordinary into something beautiful and meaningful.

Other pieces such as "Conquering" (about our desires; "But there are so many hills in life / Do we have to conquer them all?"), "Fifi" (about a mentally handicapped girl), or "A cage" (about the world as a cage where we all live in) all contribute to further reveal his philosophy of life.

Just as he says "Simple, authentic and touching. This is how I like poetry works to be", this is the way Albert searches for happiness in life, with a heart full of compassion. In "Moments" and "Emotions" he has already achieved that. With "Contemplation" Albert has now produced a work that is more refined and mature, and definitely worthy of praise.

Xin Mu
Chief Editor
"The Epoch Poetry Quarterly"

« Contempler le monde avec philosophie »
Préface par Xin Mu

Bien qu'Albert ait régulièrement ces dernières années contribué ses œuvres de poésie au magazine « The Epoch Poetry Quarterly », à part quelques échanges de messagerie électronique en ma qualité de rédacteur en chef, nous n'avons jamais eu l'occasion de nous rencontrer. L'année dernière, lors d'une de ses visites à Taiwan, nous avons finalement fait connaissance lors d'une réunion entre amis, et j'ai pu découvrir en lui quelqu'un qui rayonne de jeunesse, tient des conversations intéressantes et avec qui il est facile de se lier d'amitié.

Lorsqu'il m'a offert ses deux premiers recueils de poésie, « Moments » et « Emotions », j'ai pu me faire une meilleure idée de son travail. Il a un style simple mais élégant, et bien qu'il parle de choses de tous les jours, c'est toujours avec beaucoup de philosophie. Que ce soit un paysage, un sentiment, une chose vue ou entendue, il a toujours le don de le traduire à sa façon.

Dans son recueil « Moments » j'aime particulièrement « Papa » : « Tu es tout seul devant ton bureau / Tard dans la nuit / Plongé dans ton monde / A écrire des histoires, à écrire sur la vie // Est-ce que tu me vois / Assis là, à t'observer avec envie / Espérant qu'un jour / Je puisse aussi écrire comme toi ? ». C'est un bel exemple de son utilisation de mots simples pour traduire des sentiments complexes et profonds et d'une manière très touchante.

« Contemplation » est son 3ème recueil de poésie. Albert y a consigné ce qu'il a observé des gens et du monde autour de lui lors de ses voyages entre la Suisse et Taiwan durant ces deux dernières années.

Dans « Première fleur », il décrit sa joie de voir une première floraison de cerisier qui l'amène à s'exclamer « il est alors temps / D'oublier chagrins, peines et souffrances / Et de laisser place / A la beauté de la vie ».

Dans « Un détour », quand il voit des vieilles dames assises sur le perron, une petite rivière au bout de l'allée bordée de maisons, et soudain la cohue de la ville qui disparaît, il prend le temps de savourer l'instant et réalise : « Dans la vie / Il y a des détours si enchanteurs ». Non seulement n'est-il pas contrarié par ce détour, mais il en a su tirer le meilleur parti parce qu'il y « coule une petite rivière ». Albert sait trouver des façons de transformer des choses ordinaires en quelque chose de beau et plein de signification.

D'autres poèmes, tels que « Conquérir » qui parle de nos désirs (« Il y a tellement de sommets dans la vie / Faut-il tous les conquérir ? »), « Fifi » sur une jeune fille handicapée ou « En cage » sur le monde qui nous emprisonne tel une cage, contribuent tous à nous révéler un peu plus sa philosophie de la vie.

Comme il le dit lui-même : « "Simple, authentique et touchant". C'est ainsi que j'aime la poésie. », Albert cherche ainsi le bonheur dans la vie, avec un cœur plein de compassion. Dans « Moments » et « Emotions » il y est déjà parvenu. Avec « Contemplation » Albert a produit une œuvre plus raffinée et plus mûre, et certainement digne d'éloges.

Xin Mu
Rédacteur en Chef
"The Epoch Poetry Quarterly"

前言
Foreword
Avant-propos

前言

"簡單、真實、感人"，這是一直以來我想要寫出以及表達的作品形式。

在這第三本詩集裡，我仍執著於這三個要素來創作。在觀看這個動盪的世界時，我選擇看到事情好的一面，因為我相信禍中有福，凡事總有一線希望。如同前兩本詩集，我想探討的主題仍是人生幸福。

過去的一年中我奔波於亞洲和歐洲，試著瞭解在這兩個完全不同的世界裡，人們如何能找到幸福。

亞洲是一個分秒必爭，人滿為患，生活艱苦的世界。公共交通日夜擁擠，汽車和摩托車在大街小巷中爭取穿行空間，颱風和地震逼著人們不斷的重建家園，熱浪讓人無處躲避，處處都是上有政策、下有對策的社會現象。

在內憂外患的歐洲，人們為自己的生活和未來憂心忡忡。鄰居和朋友們擔心隨時失業；示威遊行的群眾們雖然發洩著不滿和憤怒，但卻不知真正要爭取什麼；更替不斷的政府面對洶湧而來的社會海嘯顯得一籌莫展。

我到處看到人們抱怨，互相指責，社會陷入絕望漩渦之中。但同時，我也看到一些普通人，沒有上過新聞頭條，沒有得過任何獎項，卻滿足於自己所擁有的，從平凡小事中獲得喜悅，而活得幸福。

我從他們身上學到的是如何從日常生活的一些瑣碎小事中找到真正的快樂。

我要捕捉這些鼓舞人心的瞬間，將其以簡單、真實和感人的文字寫出。這樣每當我無法抵擋憂慮，悲傷和憤怒時，可重新將它們拿出，再次閱讀，從中得到一絲安慰。

在這本詩集裡，每首詩結尾處我都附上一段簡短注解，說明詩歌的背景，創作靈感，或寫後感，與讀者形成互動。我希望你們喜歡這本詩集，歡迎將讀後感告訴我：*albert.young.poetry@gmail.com*。

2018 年 5 月 20 日，瑞士，優納

Foreword

"Simple, authentic and touching". This is how I like poetry works to be.

I have tried to remain true to those words in this 3rd poetry collection, in which I sought to take a step back, to contemplate the world, the people and things around me.

In a world around us that is in turmoil, I wanted to look for the positive side of things, the blessing in disguise, the silver lining.

A central theme to me is happiness. Life has taken me this past year between Asia and Europe, between two completely different parts of the world. How do people so far apart find happiness?

In a fast paced, hard-working, congested Asia, life is unforgivingly tough. Mass transit systems are overcrowded day and night. Cars and motorbikes fight for space on streets too narrow. Hurricanes and earthquakes force people to constantly reconstruct. There is nowhere to hide from the heat. There are rules and there are always ways to bend them.

In a Europe besieged by internal and external challenges, people are more worried than ever about themselves, life is disturbingly uncertain. Neighbors and friends live in fear of losing their jobs. Strikes and demonstrations vent anger without really knowing what they want. Governments change but fail to deliver. There seems to be no way out.

Everywhere, I see people who complain, blame others, and fall into a spiral of desperation. But everywhere I also see people, who do not make headlines, do not win prizes, who are just ordinary persons like you and me, who make the most out of what they have, take joy in small things, and radiate with happiness.

From them, I learn to notice that there are, every day, small things in life, all around me, that can make me happy.

These are the inspiring stories I wanted to capture into simple, authentic and touching pieces, so that each time, when I find it hard to resist the darker feelings of worry, sorrow and anger, I can take them out, reread them and find comfort.

In this collection, I have added a short note at the end of each piece, explaining the background behind the poem, noting down the source of inspiration, or adding thoughts that came after writing. This is a way for me to open up a dialogue with you when you read this collection of poetry. I hope you will enjoy and I await your feedback at: *albert.young.poetry@gmail.com*.

Jona, Switzerland, 20 May 2018

Avant-propos

"Simple, authentique et touchant". C'est ainsi que j'aime la poésie.

J'ai essayé de rester fidèle à ces principes dans ce 3ème recueil, dans lequel j'ai cherché à prendre du recul pour contempler le monde, les gens et les choses autour de moi.

Dans un monde en pleine turbulence, j'ai voulu chercher le côté positif des choses, le mal pour un bien, la lueur d'espoir.

Un thème central pour moi est le bonheur. La vie m'a emmené cette année passée entre l'Asie et l'Europe, deux parties du monde radicalement différentes. Comment des gens, si éloignés les uns des autres, font-ils pour trouver le bonheur ?

Dans une Asie surpeuplée, au rythme effréné, où l'on travaille d'arrache-pied, la vie est indéniablement éprouvante. Les transports en commun sont bondés jour et nuit. Les voitures et les motos se battent pour circuler dans des rues trop étroites. Les typhons et les tremblements de terre forcent les gens à sans cesse reconstruire. Il y a nulle part pour fuir la chaleur. Des règlements existent mais aussi toujours des façons de les contourner.

Dans une Europe paralysée par les défis internes et externes, les gens sont plus que jamais inquiets pour eux-mêmes et leur avenir, tous sont ébranlés par l'incertitude de la vie. Les voisins et les amis vivent constamment dans l'angoisse de perdre leur emploi. Les grèves et manifestations expriment de la colère mais ne savent pas vraiment ce qu'elles veulent. Les gouvernements se succèdent et échouent les uns après les autres. Aucune issue ne semble en vue.

Partout je vois des gens qui se plaignent, cherchent des boucs émissaires, et tombent dans une spirale de désespoir. Mais partout je vois aussi d'autres personnes, qui ne font pas la une, ne gagnent pas de prix, sont des gens ordinaires comme vous et moi, qui font avec ce qu'ils ont, trouvent de la joie dans de petites choses, et qui rayonnent de bonheur.

De ces personnes, j'apprends à me rendre compte qu'il y a, tous les jours, de petites choses dans la vie, tout autour de moi, qui peuvent me rendre heureux.

Ce sont ces histoires que j'ai voulu raconter dans un langage simple, authentique et touchant. Et à chaque fois que j'ai le cafard, que je me sens inquiet, malheureux ou en colère, je peux les sortir, les relire, et trouver du réconfort.

Dans cette collection, j'ai ajouté à la fin de chaque poème, une note pour en expliquer le contexte, la source d'inspiration, ou les pensées qui me sont venues après l'écriture. Ces notes vous aideront à mieux comprendre mon travail et sont comme un début de conversation avec vous, les lecteurs. C'est avec grand plaisir que je partage avec vous cette nouvelle collection. J'espère que vous allez l'aimer et j'attends vos commentaires sur : *albert.young.poetry@gmail.com*.

Jona, Suisse, le 20 mai 2018

"多麼美好的世界"
"What a wonderful world"
« Quel monde merveilleux »

"多麼美好的世界"

第一次聽到這首歌時
心裡想著
真是太幼稚了

多年後，爬山途中
突然不知何時已置身
蔚藍天空、皚皚雪山
如茵碧草之中

這時
再度想起這首歌
才領悟到

它頌贊的
是喜悅，感恩
無償賜予我們的
大自然和生命

的確，我身處
"多麼美好的世界"

2017 年 5 月 21 日，瑞士，優納

我最喜歡路易·阿姆斯壯的版本。他的沙啞聲音給歌詞和歌曲帶來了一種獨特濃厚情感。

"What a wonderful world"

When I first heard it
I thought to myself
What a silly song

Years later
As I undertook a hike
And found myself suddenly surrounded

By blue skies
White mountains
And green meadows

The song came back
Playing in my head
Again and again

I then realized
What it was all about

The gift of life
The world freely given onto us
And grateful happiness

Indeed
"What a wonderful world"

Jona, Switzerland, 21 May 2017

Louis Armstrong's interpretation is my favorite version. His coarse voice adds a deep emotion to the beauty of the words and the melody.

« Quel monde merveilleux »

Quand je l'ai entendue pour la première fois
Je me suis dit
Quelle chanson bien bête

Des années plus tard
Au cours d'une randonnée
Je me suis trouvé soudain entouré

Par un ciel azur
Des cimes enneigées
Et des pâturages verdoyants

Elle m'est soudain revenue
Trottait et trottait
Sans cesse dans ma tête

C'est alors que j'ai compris
De quoi il s'agissait

Le don de la vie
Ce monde qui nous est offert
Et le bonheur reconnaissant

En effet
« Quel monde merveilleux »

Jona, Suisse, le 21 mai 2017

La version par Louis Armstrong est ma préférée. Sa voix rocailleuse ajoute une grande émotion à la beauté du texte et de la musique.

初綻
First Blossom
Première fleur

初綻

我期待已久
第一朵櫻花終於綻放了
萬綠叢中一點紅

很快的
這一點紅
會鋪天蓋地

我知道那將是
所有憂愁，煩惱與痛苦
被生命之美

所取代的時刻

2018 年 2 月 28 日，臺灣，臺北

從火車上看到窗外路旁第一朵櫻花綻放時，頓時感到一股清泉洗滌了我的心靈。

First Blossom

The first cherry has finally blossomed
A dot of pink in an ocean of green
I have been waiting for this moment

Very soon this tiny dot will spread over
I know then it is time
To forget sorrow, pain and suffering

And let the beauty of life take over

Taipei, Taiwan, 28 February 2018

I was taking the train when I saw the first cherry blossom. It was like a sudden breath of fresh air that blew away all the burden that was on my mind

Première fleur

Le premier cerisier a enfin fleuri
Une pointe de pourpre dans un océan de vert
J'attendais ce moment

Bientôt cette petite pointe va s'étendre
Je sais qu'il est alors temps
D'oublier chagrins, peines et souffrances
Et de laisser place

A la beauté de la vie

Taipei, Taiwan, le 28 février 2018

J'étais dans le train quand j'ai vu cette première floraison. C'était comme un vent frais qui a soudain balayé d'un coup de baguette magique tous les fardeaux qui pesaient sur moi.

顏色
Colors
Couleurs

顏色

彷彿看到一支大畫筆
從巨型調色盤裡
取出各種顏料

沾上以往的記憶
混入未來的夢想
把"現在"與"過去"
"這裡"和"那裡"
揉合在一起

將這獨一無二的作品
展現在人生的畫布上

明天將會是
什麼顏色?

2017 年 7 月 10 日,瑞士,優納

有一天在一個農莊休息喝咖啡時,突然覺得周邊的世界就是一幅巨型畫布,而主宰生命之手每天在上面不斷添加色彩。

Colors

I see touches of colors
Taken from a gigantic palette

They dip into memories that are gone
And fantasies yet to come
Blending *"now"* with *"then"*
"Here" with *"there"*

They bring together
The most unique painting
Onto the canvas of life

What colors
Will be tomorrow?

Jona, Switzerland, 10 July 2017

As I took a break for a coffee on a farm, it suddenly occurred to me that the world was like a giant painting which the hands of life are perfecting every day.

Couleurs

Je vois des touches de couleurs
Provenant d'une palette géante

Trempées dans les souvenirs du passé
Et dans l'imaginaire à venir
Mêlant « *aujourd'hui* » avec « *hier* »
Et « *ici* » avec « *là-bas* »

Elles forment ensemble
Le plus extraordinaire des tableaux
Sur le canevas de la vie

De quelles couleurs
Demain sera-t-il fait?

Jona, Suisse, le 10 juillet 2017

Alors que je faisais une pause-café dans une ferme, j'ai eu soudain comme l'impression que le monde autour de moi était une toile géante que les mains de la vie retouchaient sans cesse.

繞路
A detour
Un détour

繞路

走在大街上
突然看到這條
狹窄明淨的小巷
我決定進去看看

不富裕的社區
幾位老婦坐在門前閒聊
周圍時間
突然慢了下來

房舍盡頭
一條清澈小溪
都市塵囂
瞬間煙消雲散

我停下腳步
享受這誘人的時光
然後不情願的
回到大街上

有時人生繞點路
會如此美妙

2018 年 3 月 10 日, 臺灣, 臺北

在生活中放慢腳步是很奢侈, 但卻很值得的。

A detour

I was walking along the main street
When I saw this alley
It was narrow but bright and clean
I decided to venture in

The neighborhood was not rich
A few old ladies were sitting there
All this rush around me
Suddenly slowed down

Behind a few blocks
There was a small river
All the hustle and bustle of the city
Just went away

I had to stop
To enjoy the moment
Before reluctantly
Finding my way back

In life
Detours can be so enchanting

Taipei, Taiwan, 10 March 2018

Taking time is a luxury in life, but can also be so rewarding.

Un détour

Je marche le long de la grande artère
Quand je vois cette ruelle
Elle est petite mais belle et propre
Je décide de m'y aventurer

Ce n'est pas un quartier aisé
Quelques vieilles dames sont assises là
Le temps qui se bouscule
S'est soudain ralenti

Derrière quelques pâtés de maison
Coule une petite rivière
Toute la cohue de la ville
A tout un coup disparu

Je m'arrête
Pour savourer l'instant
Avant de repartir
Bien malgré moi

Dans la vie
Il y a des détours si enchanteurs

Taipei, Taiwan, le 10 mars 2018

Prendre son temps est un luxe dans la vie, mais peut tellement valoir le coup.

征服
Conquering
Conquérir

征服

我知道定然困難重重
會全身酸痛
但我仍然要去

剛開始非常輕鬆
陣陣清風推我前進
像是慢慢暖身

山路逐漸陡峭
我汗流浹背
一步比一步更痛苦

已感覺不到雙腿
它們像在自己行走
盡頭在哪裡？

幾小時後，筋疲力盡
終於登上了巔峰
享受征服者的喜悅

疼痛尚未減緩
卻已開始想著
下一個目標

欲望是那麼永無止境
生命中有那麼多座山
我們都需要去征服嗎？

2017 年 6 月 28 日，瑞士，優納

欲望，野心，毅力會讓我們前進。但是它們會使我們更快樂嗎？

Conquering

I know this is going to be a tough climb
It is going to hurt everywhere
But I look forward to it

The first steps are easy
A light breeze seems to push me upward
Not bad for a little warm up

It then gets steeper and steeper
I am wet with sweat
Each step adds to the pain

I do not feel my legs anymore
They are like walking by themselves
I cannot see the end

Hours later, in a final crawl
I reach the top
And enjoy what I have conquered

I have yet to nurse my aching body
That my mind is already away
Setting its sights on the next conquest
As though it is never content

But there are so many hills in life
Do we have to conquer them all?

Jona, Switzerland, 28 June 2017

Desires, ambition and willingness drive us forward. But do they make us happy?

Conquérir

Je sais que l'ascension va être rude
Je vais avoir mal partout
Mais je suis impatient d'y aller

Les premiers pas sont faciles
Une légère brise me pousse en avant
Pas mal pour une petite mise en jambe

Bientôt c'est de plus en plus raide
Je suis trempé de sueur
Chaque pas est un supplice

Je ne sens plus mes jambes
Elles semblent marcher toutes seules
Je n'en vois pas la fin

Des heures plus tard, après un ultime effort
J'atteins le sommet
Et savoure enfin ma conquête

A peine mon corps a-t-il le temps de se reposer
Que déjà mon esprit vagabonde
Et songe à une autre conquête
Comme s'il n'est jamais content

Il y a tellement de sommets dans la vie
Faut-il tous les conquérir ?

Jona, Suisse, le 28 juin 2017

Désirs, ambition et volonté nous font avancer. Mais nous rendent-ils heureux ?

喜悦
Happiness
Le bonheur

喜悅

他聲音沙啞
咬字不清
卻充滿魅力

他又老又潦倒
手抄歌詞
但氣質不凡

一位老婦過來
在他耳邊低語
然後將錢幣投入盒中

當他開始為她歌唱
老婦開心的像個少女
拍起手跳起舞

我感動的淚流滿面
終於瞭解

原來他在創造喜悅

2018 年 3 月 11 日，臺灣，臺北

向所有街頭藝人致敬：你們為我們帶來喜悅！

Happiness

He had a coarse voice
Did not articulate his words
But something was attractive

He was old and dirty
The lyrics were handwritten
But something was unusual

An old lady approached
Whispered something
Then dropped money in the box

When he started her song
She was happy like a girl
Clapping and dancing

I was moved to tears
As I finally understood

He was creating happiness

Taipei, Taiwan, 11 March 2018

A tribute to all the street artists: you are making our lives happier!

Le bonheur

Il avait une voix cassée
Mâchait à moitié ses mots
Mais il avait quelque chose d'attirant

Il était vieux et sale
Gribouillait les textes à la main
Mais il avait quelque chose d'inhabituel

Une vieille dame s'est approchée
Lui a chuchoté quelques mots
Puis a laissé un peu d'argent dans la boîte

Quand il a commencé à chanter pour elle
Elle était ravie comme une petite fille
Et s'est mise à danser et taper des mains

Les larmes me tombaient
Car j'avais enfin compris

Qu'il faisait notre bonheur

Taipei, Taiwan, le 11 mars 2018

Un hommage à tous les artistes de rue : vous nous apportez du bonheur !

少許認可
A little recognition
Un peu de reconnaissance

少許認可

一些孩子一起玩耍
大男孩領頭
幾個小男孩和女孩
尾隨在後

大男孩教大家如何採花
其他孩子在草叢找到一朵時
都會立刻驕傲的拿給他看

小女孩剛學會走路
東倒西歪
不管多努力
總有人先把花搶走

突然
她跌倒了
正要放聲大哭時
卻看到身邊的一朵花

她眼裡含著淚水
勇敢的站起來
想把花拿給大家看

可是沒人理睬
她只好拿著花
失望的站在那裏

我走向她
輕聲誇讚
"是給我的嗎?
多麼漂亮的禮物!"

她害羞的將花遞給我
開心的像個小公主
一溜煙的跑走

人人都需要
少許的認可

2017 年 6 月 24 日，瑞士，優納

我們都像這位小女孩一樣，渴望被注意，認可及愛護。

A little recognition

Kids have come to play
An older boy is in the lead
The younger boys and a little girl follow him

The older one shows them how to pick flowers
When someone finds one hidden in the grass
It is proudly brought to him

The little girl can hardly stand on her own
She tries very hard but is way too slow
Someone else always takes the flower away

She suddenly falls
Hurts herself and when just about to cry
Finds a flower next to her

With tears in her eyes
She stands up courageously
And brings the flower to the others

But nobody cares about her
She is disappointed and at a loss
With the flower in her hand

I walk to her and congratulate her
"Is this for me?
What a wonderful gift!"

She shyly gives it to me
And runs away
Happy like a little princess

We all need
Just a little recognition

Jona, Switzerland, 24 June 2017

We are all like this little girl, craving for attention, recognition and love.

Un peu de reconnaissance

Des enfants sont venus jouer
Un grand garçon en est le chef
Des garçons et une fille plus petits le suivent

Le grand leur montre comment cueillir des fleurs
Et quand on en trouve une parmi la broussaille
C'est avec fierté que l'on la lui rapporte

La petite se tient à peine debout
Elle se donne beaucoup de mal
Mais il y a toujours quelqu'un de plus rapide

Soudain elle tombe
Et sur le point d'éclater en sanglots
Elle trouve une fleur à côté d'elle

Avec des larmes aux yeux
Elle se remet bravement debout
Et apporte la fleur aux autres

Mais personne ne lui prête attention
Déçue et perdue
Elle reste là avec la fleur dans ses mains

Je m'approche et la félicite
« C'est pour moi ?
Quel joli cadeau !»

Timidement elle me la donne
Puis s'enfuit à toute allure
Heureuse comme une princesse

On a tous besoin
D'un peu de reconnaissance

Jona, Suisse, le 24 juin 2017

Nous sommes tous comme cette petite fille, en quête d'attention, de reconnaissance et d'amour.

沉默
Silence
Silence

沉默

外面狂風暴雨時
他處之泰然

被人罵時
他報以微笑

別人指手畫腳時
他視若無睹

他沉寂在自己的世界裡
默不出聲

大家都笑他是聾子
但我卻認為他是智者

2018 年 2 月 24 日，臺灣，臺北

這位老先生住在我們隔壁。很久以來，我一直以為他真的是一個聾子，直到有一天，當大家又在對他大吼大叫時，我彷彿在他眼裡看到了智慧的光芒。

Silence

There can be fury around him
The world can go upside down
He remains undisturbed

People can be gesticulating
They can be shouting at him
Nothing impresses him

He seems to be in his world
Lost in his own thoughts
And hardly utters a word

Everybody says he is deaf
I believe he is just wise

Taipei, Taiwan, 24 February 2018

This old man lives next to us, I see him almost every day. For a long time, I believed he was really deaf, until one day, when people were again shouting at him, I thought I saw like a spark in his eyes.

Silence

Qu'il vente ou qu'il pleuve
Le ciel peut lui tomber sur la tête
Il reste imperturbable

Les gens gesticulent
Et lui crient dessus
Rien ne semble l'impressionner

Il vit dans un monde à part
Perdu dans ses propres pensées
Et jamais ne prononce un mot

Tout le monde dit qu'il est sourd
Je pense qu'il est sage

Taipei, Taiwan, le 24 février 2018

Ce vieil homme est un voisin que je vois presque tous les jours. Longtemps j'ai pensé qu'il était vraiment sourd, jusqu'au jour où, alors que de nouveau les gens lui criaient dessus, j'ai cru voir une étincelle dans ses yeux.

菲菲
Fifi
Fifi

菲菲

雖然我已十八歲
但仍不會系鞋帶
我叫菲菲
卻不知怎麼寫

每一步都搖搖晃晃
口水常從嘴裡流出
帶上眼鏡也看不清

當我試著說點什麼
所有人都嘲笑我
當我坐在公車上
大家嚇得紛紛換位

人們以異樣眼光看我
他們叫我"怪物"或"弱智"
我不知那是什麼

只知道這些都刺傷我
我的心在淌血
常常淚流滿面

啊，多想寫出自己的名字
讓大家都能叫我
使我成為真正的

菲菲！

2018 年 2 月 25 日，臺灣，臺北

我們夫婦曾經照顧過一個智障女孩。我們經常帶她去看電影，但她每次都堅持挑選一個最難看得懂的影片。我們後來才慢慢瞭解到，她想證明給我們以及所有周邊的人看，她是一個完全《正常》的人。

Fifi

I am eighteen
But I cannot lace my shoes
Fifi is my name
But I do not know how to write it

I keep stumbling at every step
Water comes out from my mouth
Even with glasses I can hardly see

When I try to say something
Everyone laughs at me
When I take a seat on the bus
People move away in disgust

All look at me with strange eyes
They call me "retard" or "weirdo"
I do not know what they mean

I just know all this hurts
My heart bleeds
And tears come down my face

How much I would like to write down my name
So that people can call me
And just let me be

Fifi!

Taipei, Taiwan, 25 February 2018

*My wife and I took care of a mentally handicapped girl many years ago. We often took
her to the movies. And every time we asked her to choose a film, we were surprised
that she always insisted on the one that was the most difficult to understand. After a
while, we realized that it was her way to try to show us, and to people around her, that
she was just a "normal" person.*

Fifi

J'ai 18 ans
Mais je ne sais pas lacer mes chaussures
Je m'appelle Fifi
Mais je ne sais comment ça s'écrit

Je trébuche à chaque pas
Je bave sans arrêt
Même avec des lunettes
Je ne vois pas bien

Quand j'essaie de dire quelque chose
Tout le monde se moque de moi
Quand je m'assois dans un bus
Les gens se pressent pour changer de place

Tous me regardent d'un étrange regard
Ils m'appellent « attardée » ou « débile »
Je ne sais pas ce que ça veut dire

Je sais seulement que ça fait mal
Que mon cœur saigne
Et que mes larmes coulent

Que j'aimerais pouvoir écrire mon nom
Pour que les gens puissent enfin m'appeler
Et me laisser simplement être

Fifi !

Taipei, Taiwan, le 25 février 2018

Ma femme et moi nous nous sommes occupés d'une jeune fille mentalement handicapée il y a quelques années. Nous l'emmenions souvent au cinéma, et quand nous lui demandions de choisir un film, nous étions surpris de la voir toujours choisir celui qui était le plus difficile à comprendre. Ce n'est qu'après un moment que nous réalisions enfin que c'était sa façon de nous montrer, et à tous ceux autour d'elle, qu'elle était tout à fait « normale ».

籠裡
A Cage
En cage

籠裡

每晚我都走到外面
看一眼璀璨閃爍的
繁華世界

熠熠發光的大廈
裝潢奢侈的商店
鱗次櫛比的餐廳

似乎無人入睡
人人緊張忙碌
沉浮錢海之中

無論多努力
我仍觸摸不到
外面花花世界

只能返回陰暗巷內
鑽入髒亂小窩
大家笑稱我是 "籠民"

但我絕不放棄
因為我還有夢想
而無人
能將它們

關入籠裡

2018 年 1 月 24 日，臺灣，臺北

在世界每一個大城市裡，都有人只住得起像籠子一般大小的地方。我向他們致敬。

A Cage

Every night I go out
To catch a glimpse
Of the lights in the city

Its glittering facades
Its luxury shops
And countless restaurants

People seem to never sleep
They press on at every hour
Money seems to just flow

Every day no matter how hard I try
I cannot get a piece of all this
And return to the dark back streets

To this dirty den
Where I pay all I have
To be despised as a "cage man"

But I will not give up
For I have dreams
And no one
Can ever put them

In a cage

Taipei, Taiwan, 24 January 2018

In every big city of the world, there are men and women who can only afford to live in a place so small that it looks like a cage. I salute them.

En cage

Tous les soirs je sors
Pour regarder
Les lumières de la ville

Ses façades brillantes
Ses boutiques de luxe
Et ses restaurants à n'en pas finir

Les gens semblent ne jamais dormir
Ils se pressent à toute heure
L'argent coule à flots

Mais tous les jours
Aussi dur que j'essaie
De tout cela
Je n'en attrape pas une miette

Je retourne bredouille
Dans ma sombre ruelle
Et rentre dans mon étroit taudis

Je paie tout ce que j'ai
Pour vivre dans une cage
Au mépris de tous

Mais je ne me laisserai pas abattre
Car j'ai des rêves
Et personne ne peut

Les mettre en cage

Taipei, Taiwan, le 24 janvier 2018

Dans toutes les grandes villes du monde, il y a des hommes et des femmes qui n'ont que les moyens de vivre dans un endroit aussi étroit qu'une cage. Je leur rends hommage.

"求求你，不要走"
"Please do not go"
« Ne partez pas »

"求求你，不要走"

"求求你，不要走
再留一會兒吧
不要把我丟下"

會客時間結束了
她像個無助的孩子
緊緊抓住我

聲音顫抖
淚水滿眶
就像是世界末日

她又將獨自一人
默默的回到
老人院的房間

她曾經問過我
"你知道什麼是
人生最可怕的事嗎？"

當我搖著頭
不解的望著她
她緩緩的告訴我

"不是戰爭
不是病痛
更不是死亡

是世界上
不再有人關心你

是孤獨！"

2017 年 6 月 17 日，瑞士，優納

*我們經常去探望一位住老人院的太太。她讓我們瞭解到：送給我們所珍惜的人最好禮物
就是經常陪伴他們。*

"Please do not go"

"Please do not go
Please stay some more
Please do not let me alone!"

It was the end of the visit
She was holding tightly onto me
Like a desperate little girl

Her voice was shivering
She had tears in her eyes
As if the world came to an end

She will be alone again
Quietly returning to her room
In her retirement home

She once asked me
"Do you know
What is the most terrible thing in life?"

As with puzzled eyes
I shook my head
She slowly told me

"It is not war
Not sickness
Not even death

It is having no one anymore
No one that cares about you

It is loneliness"

Jona, Switzerland, 17 June 2017

We often go and visit an old lady in a retirement home. This is one lesson she taught us: the best gift, you can give to a loved one, is the gift of time.

« Ne partez pas »

« Ne partez pas, je vous en prie
Restez encore un peu
Ne me laissez pas toute seule !»

C'était la fin de la visite
Elle s'agrippait à moi
Comme une petite fille désespérée

Sa voix était tremblante
Elle avait les larmes aux yeux
Comme si c'était la fin du monde

Elle va de nouveau être seule
Retournant en silence dans sa chambre
De la maison de retraite

Un jour elle m'a demandé
« Savez-vous
Ce qu'il y de plus terrible dans la vie ?»

Comme d'un air perplexe
Je secouais la tête
Elle me dit doucement

« Ce n'est pas la guerre
Pas la maladie
Pas même la mort

C'est de n'avoir plus personne
Qui pense à vous

C'est la solitude »

Jona, Suisse, le 17 juin 2017

Nous allons souvent rendre visite à une vieille dame dans une maison de retraite. C'est une leçon qu'elle nous a apprise : le meilleur cadeau que l'on puisse donner à ceux qu'on aime est celui du don du temps.

對話
A Conversation
Une conversation

對話

"我真有福氣
有那麼多朋友
每天都有人請我出去晚餐"

當我走進會客廳時
她一如既往的獨自一人坐在那裡

"昨天他們大肆慶祝了我的生日
就連市長都來了
大家跳舞直到半夜"

她興奮的描述著
一個自己幻想的美好世界

"我的車還在
上星期朋友來家裡玩
我們開車出去兜風"

她帶著我暢遊在
她的夢幻世界裡

"我認識你嗎?
你幾歲啦?
我們聊得真開心!"

雖然我心都碎了
但仍強顏歡笑

"有時我好累啊
人活得太老不好
什麼事都做不了"

Contemplation   觀

她回到現實世界
開始傷感

但馬上又振作起來
反過來安慰我

"我這一輩子沒白活
隨時都可以走了

每天都感謝上帝
又多給了我

一天"

2017 年 8 月 13 日，瑞士，優納

人生最後剩下的就是回憶和幻想。

A Conversation

"I am really blessed
I have so many friends
Everyday someone takes me out for dinner"

As usual she was sitting there on her own
When I walked in to see her

"Yesterday I had a great celebration for my birthday
The mayor was there
Everyone danced well into the night!"

She speaks so vividly
About a fantasy world of her

"I have kept my car
A friend stayed at my house last week
We took it for a ride together"

I travel with her
As she takes me on her imaginary journey

"Do I know you?
How old are you?
We are having such a nice conversation"

It hurts when I listen to her
I try to put up a happy face

"I feel tired sometimes
It is not good to be old
I cannot do much anymore"

When reality catches up
She gets a bit sad

But she quickly regains herself
And comforts me

"You know
I have lived a good life
I am ready to go

I thank God
For every extra day

He is giving me"

Jona, Switzerland, 13 August 2017

At the end of the day, memories and fantasies are what is only left.

Une conversation

« J'ai vraiment de la chance
J'ai tant d'amis
Tous les jours quelqu'un m'emmène dîner »

Comme toujours elle était assise là toute seule
Quand je suis entré la voir

« Hier on a fait une grande fête pour mon anniversaire
Le maire en personne était là
Tout le monde a dansé jusqu'à tard dans la nuit !»

Elle parle de façon si vivante
D'un monde imaginaire à elle

« J'ai gardé ma voiture
Une amie est restée la semaine dernière
Nous l'avons prise pour faire un tour ensemble »

Je pars avec elle
Dans ses voyages extraordinaires

« Est-ce que je vous connais ?
Quel âge avez-vous ?
C'est si bien de bavarder ensemble »

Cela me fait mal de l'entendre ainsi
J'essaie de faire bonne mine

« Je me sens quelquefois fatiguée
Ce n'est pas bien de vieillir
Je ne peux plus faire grand-chose »

Quand la réalité la rattrape
Elle devient un peu triste

Mais elle se reprend vite
Et me réconforte

« Vous savez
J'ai vécu une belle vie
Je suis prête à partir

Tous les jours
Je remercie le Seigneur
Pour m'avoir donné

Encore un jour de plus »

Jona, Suisse, le 13 août 2017

A la fin, ce qui nous reste, ce sont nos souvenirs et notre imaginaire.

在路上
On the road
Sur la route

在路上

我又在這條路上
路那麼直
當年我們笑說
閉著眼都能開

播放著我們聽過的鄉村音樂
試著想起去過的每一地方
回顧與你分享過的每一瞬間

翻著當年的日記
我們輪流記錄下的旅程點滴
彷彿你與我同行

我駕車在這條路上
它帶我回到過去
來到你身邊

能告訴我為何要離去？
如果你在天上看著
就會知道我並沒有忘記

我在這條路上
尋找著你

2018 年 4 月 19 日，瑞士，優納

我和最要好的同學從美國康奈爾大學畢業後，一起開車橫跨美國旅遊了一個月。回到法國後，有天晚上我們再見面時，他將我們共同寫的美國旅遊日記送給了我。幾天後，他結束了年僅 24 歲的生命。

On the road

I am on this road again
It is so straight that we jokingly said
We could just drive with our eyes closed

I put on the country music we listened to
Try to remember each place we went through
And want to relive every moment we shared

I follow the diary we kept for the journey
And took turns to write down every day
It feels you are not far

I am on this road
It is leading into the past
It is taking me back to you

Will you tell me why you have left?
If you are looking from high up there
You will know I have not forgotten

I am on the road
Looking for you

Jona, Switzerland, 19 April 2018

I went on a month-long trip across the USA with one of my best friends after our graduation from Cornell. One evening, when we got together after our return to France, he gave me a copy of our travel journal. A few days later, he took his life.

Sur la route

Je suis de nouveau sur cette route
Elle est si droite que nous plaisantions
Que nous pourrions conduire les yeux fermés

Je mets la musique country que nous avions écoutée
Cherche à me rappeler chaque endroit visité
Et à revivre chaque instant passé

Je me laisse guider par le journal
Que nous avions tenu à tour de rôle
Je sens que tu n'es pas loin

Je suis sur cette route
Elle me conduit vers le passé
Elle me ramène à toi

Me diras-tu pourquoi tu es parti ?
Si tu regardes depuis là-haut
Tu sauras que je n'ai pas oublié

Je suis sur cette route
A ta recherche

Jona, Suisse, le 19 avril 2018

J'ai entrepris un voyage d'un mois à travers les Etats Unis avec un de mes meilleurs amis quand nous avons fini nos études à Cornell. Un soir, de retour en France, lorsque nous nous sommes revus, il m'a remis une copie de notre journal de voyage. Quelques jours après, il a mis fin à sa vie.

道別
Goodbye
Adieu

道別

你已離開一段時間
但仍感覺處處都是你的身影

你在最後幾天
只願我陪伴在旁
拒絕外來看護
只要我握著你的手
就像我們初次約會時一樣

現在每當回到家
我會對著你的相片
說聲 "我回來了"
將購買的東西
放在你面前小桌上
然後告訴你
當天發生的事情

可是我知道
你想要我堅強
走出你的陰影
過自己的生活

所以今天
我要收起你的相片
拿走小桌
與你真正道別

從今往後
把對你的思念

永藏於
內心深處

2018 年 2 月 24 日，臺灣，臺北

去年一位高齡友人離世了。他生前與妻子鶼鰈情深，相濡以沫，因此年邁妻子的悲痛可想而知。本以為她就此一蹶不振，沒想到不久後她遵從丈夫遺願，堅強走出悲傷，重新面對人生，繼續勇敢的活下去。

Goodbye

You are gone for a while now
But I can still feel you all around me

On your last days
You refused any care
You only wanted me to be there
To hold your hands
As we did on our first date

Now when I come home
To your picture
I say "I'm back"
On the table next to you
I put what I have bought
And I sit down
To tell you about my day

But I know you want me to carry on
To grow out of your shadow
And to be on my own

So today
I am taking away your picture
Folding up the table
Saying goodbye for good

And from now on
I will keep your memory

Only deep in my heart

Taipei, Taiwan, 24 February 2018

A friend of ours lost her husband last year. The two of them used to be inseparable, so one can imagine her loss. But she was an unexpected model of courage to us all when we saw her muster all her strength to go through her grief, stand up, and live on.

Adieu

Cela fait un temps que tu es parti
Mais tu es encore partout

Pendant tes derniers jours
Tu ne voulais plus être soigné
Tu voulais seulement que je sois là
Pour te tenir par la main
Comme à notre premier rendez-vous

Maintenant chaque fois que je rentre
A ta photo
Je te dis « Je suis là ! »
Sur la table devant toi
Je mets tout ce que je rapporte
Puis m'assois
Pour te raconter ma journée

Mais je sais que tu veux
Que j'aille de l'avant
Que je sorte de ton ombre
Et que je vive ma vie

C'est pourquoi aujourd'hui
Je retire ta photo
J'enlève la petite table
Et te dis adieu

Pour désormais
Ne garder ta mémoire

Qu'au plus profond
De mon cœur

Taipei, Taiwan, le 24 février 2018

Une de nos amies a perdu son mari l'année dernière. Son mari et elle étaient inséparables. On peut donc imaginer sa douleur. Mais elle nous a donné à tous une grande leçon de courage, quand elle a su trouver en elle la force pour surmonter son deuil, se relever et continuer à vivre.

擁抱
A Hug
Une étreinte

擁抱

聖誕前夕
好不容易擠出人山人海的車站

白雪覆蓋的廣場不遠處
一個衣衫襤褸的男子
似乎向過往行人索求什麼
大家紛紛掩鼻走過，無人停下

忽然他朝我走來
我雖試圖避開
但全身像被凍僵似的
雙腿無法動彈

"我叫東尼
一無所有
無家可歸
能擁抱我一下嗎？"

我不由自主的
將他緊緊
擁入懷裡

"謝謝, 謝謝你！
知道嗎？
我下了決心
天黑前找不到一個
願意擁抱我的人
我就不要再活了！"

說完他轉身離去
背影消失在車站的人群中

這時我望向天空
才發現

天剛剛黑了

2017 年 9 月 5 日，瑞士，優納

一個親身經歷的真實故事。

A Hug

It was just before Christmas
I came out of the crowded train station

On a square covered with snow
He was standing, hesitant and embarrassed
As if he wanted to say something

He was so unkept
That I only wanted to run away
When he suddenly came to me

Yet my feet were like bound
My whole body was frozen
I could not move

"I am Tony
Homeless and desperate
Can you just give me a hug?"

Without me knowing
I took him in my arms
And held him as tightly as I could

"Thank you, thank you so much
You know, if before dark
I did not find someone who would hug me
I have decided to go and take my life"

He then left
And vanished in the crowd
Leaving me behind

I looked at the sky
And realized that

It just turned dark

Jona, Switzerland, 5 September 2017

A true personal story.

Une étreinte

C'était juste avant Noël
Je sortais d'une gare noire de monde

Sur une place couverte de neige
Il se tenait là, hésitant et embarrassé
Comme s'il voulait dire quelque chose

Il était si crasseux
Que je voulais m'enfuir
Quand il est soudain venu à moi

Mais mes pieds étaient comme figés
Tout mon corps était comme paralysé
Je ne pouvais plus bouger

« Je m'appelle Tony
Je suis sans abri et désespéré
Est-ce que vous pouvez me tenir dans vos bras ?»

Sans que je le sache
Je l'ai serré
Aussi fort que je le pouvais

« Merci, merci beaucoup
Vous savez, si avant la tombée de la nuit
Je ne trouvais pas quelqu'un pour me prendre dans les bras
J'ai décidé d'en finir avec ma vie »

Puis il est parti
Disparu dans la foule
Me laissant tout seul derrière

Je regardais alors le ciel
Et réalisais soudain

Que la nuit venait de tomber

Jona, Suisse, le 5 septembre 2017

Une vraie histoire personnelle.

一瞥目光
A Glance
Un regard

一瞥目光

在鄉間散步時
遠遠看見他
彎腰在田裡工作

健壯雙手
幹著莊稼活
粗糙赤腳
耕犁著農地

走近他時
他抬起頭來
望了我一眼

被太陽烤黑的臉
汗水浸透的身軀
面露微笑向我點下頭

像是告訴我
"是的，朋友
上帝待我不錯"

我也向他微笑
然後繼續前行

Contemplation 觀

他那匆匆一瞥目光
傳遞給我的
是那麼多的

幸福與滿足

2017 年 6 月 4 日，瑞士，優納

一個短暫但卻難忘的相遇。

A Glance

I was on my trekking trail
When I saw him
Bent into his fields

He was working through the crop
With just his strong hands
And ploughing through the soil
With just his bare feet

When he noticed me
He raised his head
I saw a face burnt by the sun
And a body wet from the sweat

He nodded and smiled
As telling me
"Yes, Dear Friend
God has been good to me"

I smiled back
Went on
And kept in me

This glance
That filled me with happiness

Jona, Switzerland, 4 June 2017

A short encounter with a lasting impact.

Un regard

Je faisais une randonnée
Quand je le vis
Le dos courbé dans les champs

Il n'avait que ses deux mains
Pour travailler les champs
Et ses pieds nus
Pour labourer le sol

Quand il me remarqua
Il releva la tête
Montra un visage brûlé par le soleil
Et un corps trempé de sueur

Avec un signe de tête, il me sourit
Pour sembler me dire
« Oui, mon ami
Le Seigneur a été bon avec moi ! »

Je lui rendis le sourire
Continuai mon chemin
Et gardai en moi

Ce regard
Qui m'emplit de bonheur

Jona, Suisse, le 4 juin 2017

Une brève rencontre inoubliable.

98

叉子
Forks
Des fourchettes

叉子

好多年沒看到它們了
人字形花紋叉柄
失去光澤的細長爪子

同款刀子不見了
湯匙也失去蹤影
只剩下這幾把叉子

就像久別重逢的老友
當手握叉子時
我穿越時光又回到兒時的飯廳

我坐在長飯桌邊
桌上擺滿媽媽做好的飯菜
背景播放著爸爸披頭四唱片

那裡有著家
房間和花園
還有童年的我

我將那些美好回憶
擠回叉子裡

這些逝去歲月的守護者

2017 年 12 月 13 日，臺灣，臺北

這次在臺北住在父母家中時突然找到了這些在伊索比亞陪伴我長大的叉子。我們就像好久不見的老朋友，重逢時有聊不完的往事。

Forks

It has been years I have not seen these forks
The same chevron patterns at the end of the handles
The same slender claws but with a little less luster

The knives are gone
The spoons are lost
The forks are all by themselves

They are like old friends to me
And when I hold them again in my hand
I am back into the dining room where I grew up

I am sitting at the long dining table
There are dishes that Mom has prepared
And Dad's Beatles in the background

There are the house
The rooms and the garden
The small boy that I was

All those memories
I now take them
And squeeze them back into these forks

My lonely faithful guardians of the past

Taipei, Taiwan,13 December 2017

I found those forks in my parents' apartment during our recent stay in Taiwan. They saw me grow up in Ethiopia. It was like a reunion with old companions and we have between us countless memories to share.

Des fourchettes

Cela fait très longtemps que je ne les ai pas vues
Les mêmes chevrons au bout des poignées
Les mêmes griffes fines
Mais avec un peu moins de lustre

Les couteaux sont partis
Les cuillères ont disparu
Seules ces fourchettes sont restées

Elles sont comme de vielles amies
Et quand je les tiens de nouveau dans ma main
Je suis de retour dans la salle à manger
Qui m'a vu grandir

Je suis assis à cette grande table
Il y a des plats que Maman a préparés
Sur fond des Beatles de Papa

Il y a la maison
Les chambres et le jardin
Et le petit garçon que j'étais

Tous ces souvenirs
Je les prends et les remets
Dans ces fourchettes

Mes fidèles et solitaires gardiens du passé

Taipei, Taiwan, le 13 décembre 2017

J'ai trouvé ces fourchettes lors de mon récent séjour dans l'appartement de mes parents à Taiwan. Elles m'ont vu grandir en Ethiopie. C'était comme retrouver de vieux compagnons de route avec qui je partage d'innombrables souvenirs.

小燈
A little lamp
Une petite lampe

小燈

多年沒搭乘過的公車
全都煥然一新
時尚的座椅、照明、把手
車掌小姐也不見了

但車內下車鈴燈
仍像兒時記憶中一樣的
吸引著我

我期待有人按下車鈴
紫色小燈頓時會亮起
散發出美麗的光芒

有人要下車
就這麼容易
從此與我們分道揚鑣

那個能改變我人生旅程的
下車鈴燈
在哪裡？

2018 年 2 月 4 日，臺灣，臺北

這是臺灣公車的一個迷人特色。我可以為了看這小紫色燈亮起而專程去搭公車。

A little lamp

It has been years I have not taken the bus
Everything has been renewed
New seats, new lights, new handles
And no more ladies to collect the tickets

But I notice this little lamp on the wall
With a button below
It continues to fascinate me
As it did when I was a child

I keep looking at it
Waiting for someone to press on the button
And for the lamp to light on
To beautifully glow and radiate

Then someone would simply get off
Part ways with us
And go somewhere else
It is so easy

Where is the little lamp
For me to light
So that I can change course

In the journey of life?

Taipei, Taiwan, 4 February 2018

This is a little feature that fascinates me on the buses in Taiwan. I can take buses just for the pleasure of seeing those small lamps light on.

Une petite lampe

Cela fait des années que je n'ai pas pris le bus
Tout a changé, tout est nouveau
Sièges, éclairage et poignées
Plus de dame pour poinçonner les billets

Pourtant je remarque une petite lampe au mur
Avec un bouton en dessous
Elle continue à me fasciner
Comme aux jours de mon enfance

Je ne la quitte pas des yeux
Car dès que quelqu'un va appuyer sur le bouton
La petite lampe va s'allumer
Et briller de tous ses feux

Alors quelqu'un va descendre
Il va nous quitter
Et continuer ailleurs
C'est si simple

Où est la petite lampe
Que je peux allumer
Quand je veux

Changer de chemin dans ma vie ?

Taipei, Taiwan, le 4 février 2018

C'est une petite particularité qui me fascine dans les bus de Taiwan. Je peux prendre le bus rien que pour le plaisir de voir ces petites lampes s'allumer.

書的世界
Books
Livres

書的世界

我喜歡徜徉在圖書館
浩瀚書海之中

一本書在呼喚著我
另一本在我耳邊喃喃細語
每一本書都在向我熱情的揮手

故事和探險
犯罪及悲劇
科學與愛情

我穿越時空
體驗各種生活
暢遊天下

我想永留此處
它令我流連忘返
因為這就是我的世界

書的世界

2018 年 12 月 11 日，臺灣，臺北

我喜歡讀書，逛書店，參觀圖書館。對我來說，沒有東西可取代紙張的感覺，翻閱的喜
樂，和觀賞精美的印刷。每一本書不但蘊藏著大千世界，它還有自己的生命。

Books

I like to walk in the library
Wandering in its alleys
Between fully stacked bookshelves

One book is calling me
Another one whispering to my ears
All are waiving and inviting me

Stories and discoveries
Crime and drama
Science and romance

I am travelling in space and time
Living hundreds of lives
Seeing thousands of places

I want to lose myself forever
And not return
For this is my world

The world of books

Taipei, Taiwan, 11 December 2017

I like books, bookshops and libraries. For me, nothing replaces the feeling of the paper, the turning of pages and the beautiful printing. Each book is a living object that holds an extraordinary world within.

Livres

J'aime me promener dans la bibliothèque
Sillonner ses allées
Jalonnées d'étagères bien remplies

Un livre m'appelle
Un autre me susurre aux oreilles
Tous me font signe et m'invitent

Fictions et découvertes
Crimes et drames
Sciences et romances

Je voyage dans le temps et l'espace
Je vis des centaines de vies
Je visite des milliers d'endroits

Je veux m'y perdre pour toujours
Et n'en jamais revenir
Car ce monde est fait pour moi

Le monde des livres

Taipei, Taiwan, le 11 décembre 2017

J'aime les livres, les librairies et les bibliothèques. Pour moi, rien ne remplace le toucher du papier, le fait de tourner chaque page, et d'admirer la beauté de l'impression. Chaque livre est un objet vivant qui renferme un monde extraordinaire.

光
The Light
Lumière

光

我們從側門進入
又長又彎的暗巷裡

伸手不見五指
大家相互推擠著

突然
一道強烈的亮光
把大家震撼住

這道穿過彩繪玻璃的光
從窗戶射向牆壁
繼而灑在地面
照亮了我們

那一刻
我重生了

2017 年 6 月 6 日，瑞士，優納

在波蘭參觀一個教堂時，大家突然被一道透過彩繪玻璃射出的強烈光震撼到。細看後才發現彩繪玻璃的圖案是至高無上，榮耀無比的上帝。

The Light

We entered from a side door
And were pressed into a dark corridor
Long and winding

We could hardly see anything
People were pushing
And stepping on each other's shoes

Suddenly we saw the light
So powerful and colorful
That we all stood still

This beam of colors came from the window
Went onto the walls
Bounced back to the ground
And illuminated us

I was reborn

Jona, Switzerland, 6 June 2017

We were in a church in Poland, when we suddenly saw the light beaming from the stained glass. All of us were in awe. I then closely watched the stained glass and realized that it was representing the Almighty in his full glory.

Lumière

Nous entrâmes par le côté
Puis nous engouffrâmes dans un corridor
Sombre, long et sinueux

On voyait à peine
Les gens se pressaient
Et se marchaient sur les pieds

Soudain une lumière
Si puissante et de toutes les couleurs
Nous arrêta tous

Elle venait de la fenêtre
Se projeta sur les murs
Rebondit sur le sol
Et nous illumina

Je me sentis renaître

Jona, Suisse, le 6 juin 2017

Nous étions dans une église en Pologne, quand soudain un jet de lumière venant des vitraux nous a tous éblouis et cloués sur place. En examinant de plus près le vitrail, je me suis rendu compte qu'il représentait le Tout Puissant dans toute sa gloire.

作者簡介
Short biography of the author
Courte biographie de l'auteur

青峰簡介

青峰是一位國際作家及詩人，1962 年出生於臺灣。由於父親工作的原因，他從小隨著家人先後在衣索比亞，臺灣和法國長大。

他畢業於法國頂尖工程師學院之一的 Ecole Centrale de Lyon（法國里昂中央理工學院）。隨後進入美國康奈爾大學，先後獲得這兩所著名大學的電腦工程碩士學位。

自康奈爾大學畢業後，青峰進入一家國際大型跨國石油公司工作，陸續擔任該公司法國，加勒比海和亞洲資深經理職務。青峰於 2008 年搬到瑞士居住，擔任瑞士一家跨國工業集團的資深管理。

青峰自小即展現出寫作天賦。其作品無論是在臺灣還是在法國的學校，均多次得到高度讚揚。他初中時創作的一首詩 "La Liberté（自由）"，曾獲得法國巴黎市政府頒發的最佳少年詩篇大獎。高中時，代表當時就讀的全法國最著名 Lycée Louis-le-Grand 高級中學參加全國寫作大賽。他於 2018 年榮獲瑞士優納市立圖書館德語寫作比賽獎。

他是美國世界藝術文化學院榮譽文學博士，歐洲華文作家協會副秘書長及世界詩人大會理事。

青峰目前以中、英、法、德四種語言寫作。在他多元化的背景下，將其心靈深處的情感以最簡單，樸素，卻能打動人心的方式表達出來。

他的前兩本詩集 "瞬間" 和 "感動" 都受到眾多讀者喜愛及好評。"觀" 是青峰的第三本詩集。

他的夫人是一位畫家。兩人平時喜歡出去旅行和做義工服務社會。

Albert Young's short biography

Albert Young is an international writer and poet, born in Taiwan in 1962. He grew up successively in Ethiopia, Taiwan and then France, where his father took the family on his different postings.

After graduating from Ecole Centrale de Lyon, a leading French engineering school, he further completed his studies with a Master's degree in Computer Sciences from the Cornell University in the USA. He started his professional career with a major international oil company and held increasingly senior managerial positions in France, in the Caribbean, and then extensively in Asia. He moved to Switzerland in 2008 where he became a senior manager of a major Swiss industrial corporation.

Albert developed his writing skills at an early age. His works were regularly praised at school in Taiwan and in France. He won a special prize from the city of Paris for a piece of poetry he wrote in junior high school ("La Liberté"), and also represented his senior high school, the prestigious Lycée Louis-le-Grand in Paris, in a French national writing contest. He was a winner of a 2018 writing contest in German organized by the city library of Rapperswil-Jona in Switzerland.

He holds an Honorary Doctorate degree in Literature from the World Academy of Arts and Culture, is the deputy Secretary General of the Chinese Writers Association in Europe and an Executive Board member of the World Congress of Poets.

Albert writes in English, French, Chinese and German. He draws from his multicultural roots and aims at developing a minimalist, purified, easily accessible and yet impactful style, to convey the deepest inner feelings and emotions.

His first two collections of poetry "Moments" and "Emotions" both received good reviews from readers and critics alike. "Contemplation" is his third collection of poetry.

He is married to a Chinese painter. Together with his wife, they enjoy travelling and engaging in social work.

Courte biographie d'Albert Young

Albert Young est un écrivain et poète international, né à Taiwan en 1962. Il a grandi successivement en Ethiopie, à Taiwan puis en France, où son père a été en poste et a emmené sa famille.

Diplômé ingénieur de l'Ecole Centrale de Lyon, il a ensuite poursuivi ses études à l'université Cornell aux Etats Unis où il a obtenu un Master en informatique. Il a commencé sa carrière avec une grande société pétrolière multinationale, et a évolué vers des postes de responsabilités croissantes, en France, dans les Caraïbes, puis longuement en Asie. Il est installé en Suisse depuis 2008 où il est devenu cadre dirigeant dans une grande société industrielle.

Albert a révélé ses talents littéraires dès son plus jeune âge. Ses œuvres ont souvent été récompensées dans le cadre de ses études à Taiwan comme en France. Il a obtenu un prix spécial de la ville de Paris pour son poème, « La Liberté », qu'il avait écrit au collège. Il a été sélectionné pour représenter le lycée Louis-le-Grand à Paris pour le Concours Général littéraire. Il a été lauréat du concours littéraire allemand 2018 organisé par la bibliothèque de la ville de Rapperswil-Jona en Suisse.

Il a reçu un Doctorat Honoris Causa en Littérature de l'Académie Mondiale des Arts et de la Culture et est le Secrétaire Général adjoint de l'Association des Ecrivains Chinois en Europe, ainsi que membre du Comité Exécutif du Congrès Mondial des Poètes.

Albert écrit aujourd'hui en français, anglais, chinois et allemand. Il s'inspire de ses origines multiculturelles et cherche à développer un style minimaliste et pur, à la fois facilement accessible et fortement marquant, pour exprimer les sentiments et les émotions les plus profonds.

Ses deux premiers recueils de poésie « Moments » et « Emotions »
reçurent un bon accueil du public et des critiques. « Contemplation »
est son troisième recueil de poésie.

Il est marié à une artiste peintre chinoise. Avec son épouse, ils
voyagent et font du volontariat.

國家圖書館出版品預行編目資料

觀：**青峰詩選** / 青峰 Albert Young 著.--.
台一版. -- 臺北市：文史哲, 民 107.10
　　頁；　公分（文史哲詩叢；139）
ISBN 978-986-314-439-7（平裝）

851.486　　　　　　　　　　　107017255

觀 Contemplation 文史哲詩叢 139

著　　者：青　　　　　　峰
出 版 者：文　史　哲　出　版　社
　　　　　http://www.lapen.com.tw
　　　　　e-mail:lapen@ms74.hinet.net
登記證字號：行政院新聞局版臺業字五三三七號
發 行 人：彭　　　正　　　雄
發 行 所：文　史　哲　出　版　社
印 刷 者：文　史　哲　出　版　社
　　　　　臺北市羅斯福路一段七十二巷四號
　　　　　郵政劃撥帳號：一六一八〇一七五
　　　　　電話886-2-23511028 · 傳眞886-2-23965656
定　　價：NT 240 元　　Euros 16 元
ISBN 978-986-314-439-7
出版日期：二〇一八年(民 107 年)十月台一版

Copyright–2018 by Albert Young（青峰）
封面圖案：尹燕君
Front cover artwork: Stella Yin
Published by THE LIBERAL ARTS PRESS